CW01668194

ELAZAR BENYOËTZ

BRÜDERLICHKEIT

Das älteste Spiel mit dem Feuer

Carl Hanser Verlag

Wer unvorsichtig herausfährt, sticht wie ein Schwert;
aber die Zunge der Weisen ist heilsam. (Sprüche 12, 18)

1 2 3 4 5 98 97 96 95 94

ISBN 3-446-17836-8
Alle Rechte vorbehalten
© Carl Hanser Verlag München Wien 1994
Satz: Fotosatz Reinhard Amann, Aichstetten
Druck und Bindung:
Schauenburg Graphische Betriebe,
Schwanau-Allmannsweier
Printed in Germany

Noch scheint der Schein,
noch tanzen die Lichter
nicht auseinander.
Paul Koppel

Mit verscheidendem lächeln
Ordnet seine schätze der schreitende,
Verschliffene reste vom vergangenen her,
Daß sie zusammengedrängt
Auftun ersehnten glanz.
Schwerlich gibts andren besitz als diese kleinode
Gehäuft auf verdämmernde kante einer gegenwart,
Eroberungen,
Trümmer einst gerundeter seligkeiten.
Franz Baermann Steiner

VOR

Auch das Undenkbare war uns zugedacht und abgesprochen

Einst dachte man, ehe man schrieb und auch ohne geschrieben zu haben. Das Denken legte sich der Sprache buchstäblich nahe und prägte sich ihr ein; und auch umgekehrt schmiegte sich die Sprache dem Denken an, färbte mit Worten seine Lippen und blieb an ihnen hängen.

Es war ein freundliches An-denken, An-fassen, das dem tintenfaßlichen Durchdenken Leid um Leid, allmählich weichen mußte.

Also verkühnte das Denken, büßte Mut und Übermut ein; die Gedanken aber bekamen dafür edle Schriftzüge

»So gerne ließe ich die Augen jetzt
wie Kieselsteine aus dem Fenster fallen«

Die Schau – die sich einbildende Sicht

»In einem Sonnenstrahl, der die Einbuchtung eines Fensters mit einem langen Gedankenstrich versieht, sitzt eine Mumie und strickt ein Kapitel, dessen Sätze immer das Gleiche sagen. Sie hat es nicht nötig, den Blick zu heben. Die Pförtnerin öffnet vor mir das Tor, als schlösse sie mich in eine Zelle.«

Wie pathetisch ist schon ein Gedankenstrich

Dichtung – der Einfall in die Sprache

Das Thema eines Lebens wird nur einmal angeschlagen. Um die Höhe des angeschlagenen Themas einhalten zu können, muß man sich in Variationen darüber ergehen

Für eine neue Wahrheit spricht das Neue, nicht die Wahrheit

Das Leben ist eine Geschichte; man muß sie gut erzählen können, um gelebt zu haben

Anfang ist nicht da, wo es beginnt, sondern wo wir stehen, zu beginnen bereit

Was nach allen Antworten bleibt,
ist die Frage

KAIN
ODER:
WOCHE DER BRÜDERLICHKEIT

Und wieder keine wandlung und kein weg,
Und wieder diese qual zu leicht genommen
Und allzuviel beklagt

Franz Baermann Steiner

Maschiach christianisiert
und Christus entmenschensohnt;
die Bibel verdeutscht
und das Deutsch entmendelssohnt –
nur nicht mehr Licht
für diese Heimleuchtung,
da noch das nackte Leben
bloßgestellt wird
für eine Woche
der Brüderlichkeit

Ist Abel erschlagen, hält Gott auch mit Kain
Zwiesprache

Jeder kann Messias werden, keiner Erlöser sein

»Ihr schlaft noch, stille Straßen? Warum springen
die Steine nicht aus den bedrohten Mauern!
Laßt ihr die Zeit in euren Winkeln kauern,
wenn wir dem Sieg ins Todesantlitz singen?

Der Frieden lügt, den eure Giebelbogen,
den eure Dächer auf uns niederdämmern.
Wir werden euch aus eurer Ruhe hämmern!
Ihr saht die andern, die vorüberzogen,

und öffnet euch vor uns noch wie die Gassen,
durch die der Sonntag ging mit Festgebärden.
Wacht auf! Ihr seid der Weg zur Schlacht! Wir werden
dröhnende Spur auf euren Steinen lassen!«

Was man nicht vor Augen hat, kann man hinter sich nicht bringen

Solidarität entsteht um den Tod herum – oder gegen ihn

»Alle Schuld nimm du in dich.
Gib ihr Antwort. Frag sie nicht.«

In der Umkehr geht man sich voraus
Was sich immer wieder ereignet,
muß einmal auch geschehen sein

Ablaufend findet Geschichte ihren Sinn, aber kein Ende, das sie begreiflich machte

Von den Erklärungen kann man nicht behaupten, daß sie unfruchtbar wären, denn sie vermehren sich, doch zeitigen sie weniger als sie fruchten

Die Akten der Geschichte verstauben am schnellsten, sind auch am leichtesten zu fälschen. Eine gefälschte Vergangenheit sieht dann auch nach Zukunft aus

Die Melodien sind längst verklungen, er, der Geschichtsschreiber, versucht noch im nachhinein den Ton anzugeben. Das ist frappierend, denn es gelingt

Keine Träne zählt, die nicht von der Größe eines Mahnmals ist

Zur Ökologie des Fragwürdigen

Was wir vorhatten,
liegt weit hinter uns
Sahadutha

Das biblische Drama beginnt mit zwei Fragen, die uns nie mehr zur Ruhe kommen lassen sollten. Die eine Frage, die schlechthin spracherste, ist die von Gott an sein eben ins Dasein gerufene Geschöpf: »Wo bist du?« (Genesis 3,9), was meint: warum hast du dich in den Garten verkrochen, dessen Hüter du doch sein solltest? Hieß es denn nicht gleich zu Anfang und zur Bedingung: »Und Gott der Herr nahm den Menschen und setzte ihn in den Garten Eden, daß er ihn bediente und hütete.« (Genesis 2,15)?

Nicht nur Gottes Gärtner solltest du sein, sondern auch Hüter deines Paradieses.

Die zweite Frage ist die vom Menschen, in seiner aufdämmernden Fragwürdigkeit, an seinen Schöpfer: »Soll ich meines Bruders Hüter sein?« (Genesis 4,9)

Mit diesen Fragen traten betreten Gott und Mensch aneinander und trat die Fragwürdigkeit selbst in die Welt. Daß beide Fragen von ihrer Ursprünglichkeit nichts einbüßten, zeigt uns die Woche der Brüderlichkeit, schöpft sie doch ihren Sinn einzig aus diesen beiden Fragen: »Wo bist du, Adam?« und »Soll ich meines Bruders Hüter sein?«

Nach wie vor sehen wir uns vor sie gestellt; da stehen wir. Doch spricht Gott nicht mehr zu uns, und auch die Welt ist nicht mehr auf unserer Seite.

Der Nachgebildete,
Der Vorgezeichnete:
Adam
Weil Adam vom Baum der Erkenntnis aß, wußte Kain schon nicht mehr, was er tut

Kain wußte nicht, daß er Abel das Leben nehmen wird, aber den Bruder wollte er töten. Abel ward erschlagen, und die Idee der Brüderlichkeit trat in die Welt

Sagt man Kain, denkt man an Abel und sollte doch des ersten Menschensohns gedenken.
Adam gehörte noch zur Monologik der Schöpfung. Erst Kain wagte Rede und Gegenrede, Rede und Anspruch. Er war Gottes erster Gesprächspartner – nicht allein, weil er der erste Menschensohn war, auch, weil er sich nicht wie Adam nur am Wort vergriff. Er versündigte sich zwar nicht an der Schöpfung – Abel war schon ein Gezeugter, und er wuchs unter Kains Augen auf –, führte aber ein Neues in sie ein: das andere, endgültige Ende
Im Kainsmal trafen sich zum ersten Mal Rede und Antwort, Bitte und Erhörung – der erste Menschensohn und sein Gott, den er aus eigener Verantwortung und aus eigenem Versagen auf Biegen und Verbrechen herausforderte: nicht mehr in Unschuld, noch nicht in Schuld – im Schuldigwerden

Seine Werke und Taten verantwortet man vor sich selbst und seinesgleichen; sein Menschsein kann man aber vor seinesgleichen nicht verantworten – das hat Gott uns mit dem Kainsmal eingeprägt

Am Liebenswürdigen gibt es nichts zu lieben

Kain – die lebhafteste Erinnerung an Gott Oder: Vom Brodeln der Brüderlichkeit

> Vorteile kann man sich erwerben,
> Vorzüge werden einem zuteil.

Brüderlichkeit bedeutet nach der hebräischen Bibel höchste Verantwortung für den anderen.
Um dies bündig und für das Nachdenken lohnend sagen zu können, stellt sie die größten Gegensätze als Bruderpaare oder Geschwister dar. Kain und Abel, Jakob und Esau, Joseph und seine Brüder. Diese Darstellung hat alle Vorteile, zu denen auch die Lehre gehört, daß Vorteile, da sie sich erwerben lassen, nicht den Ausschlag geben.
Den Ausschlag geben die Vorzüge, gibt die Vorzüglichkeit.
Abel war Schafhirt, Kain Diener des Ackers. Aufeinander angewiesen, konnten sie einander gut ergänzen: der Schafhirt den Ackerbauer; der Bäcker den Milchmann. Weit und breit tauchte kein Grund zum Neid auf, und beider Herzen schienen gegen Mißgunst gefeit. Mag ein Herz aber noch so neiddicht sein, gegen Eifersucht ist auch das nobelste nicht abgesichert. Eifersucht schleicht sich auch dort ein, wo Argwohn und Mißgunst ausgeschlossen sind.
Neid, wo immer er aufkommt, hat seinen sichtbaren, greifbaren Grund; Eifersucht hat keinen sichtbaren Grund und bleibt darum unbegreiflich. Sie besteht in der Verblendung und wütet meist auch blind um sich. Gegen Vorzüge eines anderen ist man wehrlos; machen sie sich merkbar, ist Demütigung ihre Folge, sind Entsagung oder Totschlag ihr Resultat. Der Betroffene wird unweigerlich zum Versager und Verlierer.
Vorteile hingegen sind nie verbürgt und kennen keine Dauer. Die schönsten können im Nu in Nachteile umschlagen.
Neid gilt nur den Vorteilen, so kann man sich seiner erwehren.
Die Bibel erzählt:

»Nach Verlauf der Tage wars,
Kain brachte von der Frucht des Ackers IHM eine Spende,
und auch Abel brachte von den Erstlingen seiner Schafe,
von ihrem Fett.
ER achtete auf Abel und seine Spende,
auf Kain und seine Spende achtete er nicht.
Das entflammte Kain sehr, und sein Antlitz fiel.«
(Genesis 4,3–5; Übers. Buber/Rosenzweig)

Ein Satz auf halbem Weg

»Da redete Kain mit seinem Bruder Abel.
Und es begab sich, da sie auf dem Felde waren,
erhob sich Kain wider seinen Bruder Abel
und schlug ihn tot.« (Genesis 4,8)

So in Luthers Verdeutschung. Buber/Rosenzweig übersetzen:
»Kain sprach zu Abel, seinem Bruder.
Aber dann wars als sie auf dem Felde waren,
da stand Kain auf wider Abel seinen Bruder und tötete ihn.«
Wir wüßten um die Welt gern, was Kain mit Abel redete oder zu ihm sprach. Es ist ein Satz, der das Sagen nicht hat, den wir uns auch vom Hörensagen nicht erschließen können.

Was hier an zu Sagendem fehlt, ist das Ausbleiben der Rede selbst. Oder: es ist das verfehlte Unternehmen, mit Worten, die eben erst erbauten, zu vernichten. Kain sprach zu Abel, doch fehlten ihm die Worte für seine Absicht. Stockte seine Rede? War sie nur zu schwach, um an Abels Ohr zu dringen? Zeugt der Satz für einen Mangel der Rede des einen oder des Gehörs des andern? Kain aber sprach zu Abel, das steht geschrieben, wiewohl nicht fest; war also Abel vielleicht nicht bereit, dem Bruder Gehör zu schenken? Ein Satz auf dem Sprung; ein aufgerissener Mund; ein nicht abgenommenes Wort. Hier kam etwas um seine Vernehmbarkeit.

Dieser Ansatz, wahrlich, wäre geeignet, Mitleid in uns zu erregen, doch ungeduldige Hände würden ihn, als nichtssagend, lieber streichen. Der Scharfsinn schärft sich nur selbst überall ein. Dem sich Einschärfenden leuchtet nur Grelles entgegen, kein Wort aber, das sein mildes Licht ausgießt, ein. Der mit ungeduldigen Händen Lesende wird allerwegs übersehen, daß auch mit dem Nichtgesagten, ja auch mit dem Nichtssagenden etwas gesagt wird.
Die Bibel enthält keine Streichsätze. Das zeigt aufs schlagendste dieser Satz, den niemand vermissen würde, bliebe er weg. Aber welch furchtbare Geschichte war notwendig, um ihn aufwiegen zu können. Er mußte bleiben, enthält er doch die schweigende Lehre, die Mahnung. Das Ausbleibende läßt sich feststellen und wird im Nu vernehmlich, nämlich: Es fehlt nicht viel bis zum Totschlag, eben nur die paar Worte. Die Mordszene fiel dem Satz ins Wort.
Worte fügen sich zu einem Satz, und auch auf dem Weg zu ihm lassen sie mit sich reden

Bedeutungen sind Umwege des Wortes zum Sinn unseres Daseins

Ein Satz gibt immer einen Sinn, weil er auch immer den Worten ihre Bedeutung austreibt

Das Motiv; die Nuance

Erster Anlauf

Aus einem nicht einzusehenden Grund wurde Gottes Gefallen dem Vorzüglichen zuteil. Auf Kain und seine Spende achtete ER nicht.

Kain hatte alles und konnte mit allem kein Gefallen finden.

Aber worin mochte Abels Vorzüglichkeit gelegen haben?

Vorzüglichkeit liegt immer im Schatten, in den Schattierungen, macht sich kaum bemerkbar, regt sich in unscheinbaren Worten, die am Herzen nagen oder schon auf der Zunge zergehen. Aller Deutung abhold, deutet sie sich im Unwägbaren an; hier im Worte »[von ihrem] Fett«. An diesem wurde ein Abgrund der Gesinnungen offenbar, die keine Brüderlichkeit mehr zu überbrücken vermochte.

Vorteile kann man sich erwerben, Vorzüge nicht.

Kain und Abel – keiner der beiden hatte Vorteile, doch hatte einer den Vorzug, und damit war sein Schicksal besiegelt

Zweiter Anlauf

Es ging ja nicht, wie sonst, um Geben und Nehmen und Haben, sondern um Ehren und Entbehren.

Da zeigte es sich von selbst, daß der eine gottgefällig war, der andere nicht.

> »Kain brachte von der Frucht des Ackers IHM eine Spende,
> und auch Abel brachte von den Erstlingen seiner Schafe,
> von ihrem Fett.«

Kain war der erste und tat das Rechte, allein ohne erkennbare Gesinnung, und er sollte gerade vorbildlich sein, war er doch der Erstgeborene und ging seinem Bruder auch hierin voran. Es heißt darum natürlich: »Und auch Abel brachte«, doch welch ein Unterschied. Das sonst verbindende »Und« unterscheidet sie hier nicht nur, sondern treibt sie auch schon sanft auseinander. Bei Abel geht es weder um die Spende noch um das Rechte, vollends nicht um eine gefällige Nachahmung, sondern einzig um die Gesinnung, wie sie sich an dem einen Wort entzündet, um an dem zweiten hell aufzuleuchten:

»Und auch Abel brachte [doch aber:]
von den Erstlingen seiner Schafe, von ihrem Fett.«

»Von den Erstlingen« – sein erster Gedanke; »von ihrem Fett« – das Herz seines Denkens an Gott.

»ER achtete auf Abel und seine Spende,
auf Kain und seine Spende achtete er nicht.
Das entflammte Kain sehr, und sein Antlitz fiel.«

Doch auf sein Versagen folgte ein Zuspruch, und dieser bedeutete einen nicht zu überhörenden Vorteil für ihn. Denn nun ergriff Gott das Wort und richtete es, zu einer ersten Lehre abgerundet, zum ersten Mal, an den ersten Menschensohn. Es ist die große Lehre vom Versagen, die von Anfang der Zeiten bis ans Ende der Tage vernehmlich und gültig bleibt. An Kain war sie ergangen, an seiner Nachkommenschaft hatte sie sich bewährt, nun liegt sie an uns und hält uns zusammen.

»Warum verdrießt es dich, und warum sinkt dein Antlitz?
Ist dem nicht so?
Du bringest schöne Gaben oder bringest sie nicht,
vor der Türe lagert die Sünde,
und nach dir ist ihr Verlangen;
doch du kannst ihrer Herr werden.«

(Genesis 4, 6–7; Übers. Arnheim)

Dies ist das Versprechen, das allerwegs dem Versagen auf dem Fuß folgt:

»Vor der Türe lagert die Sünde,
und nach dir ist ihr Verlangen;
doch du kannst ihrer Herr werden.«

Allein, wenn es um Gott geht, um das Gefallen vor Gott, werden alle Lehren vergessen, selbst die von IHM eigenwörtlich erteilten.

Scham, Wehmut und Zorn brannten in Kains Herz, höhlten es aus, bis es erkaltete. Das Feld, das er schon lange pflügte, die Erde, die ebenso lange, doch weit und breit die seinige zu sein versprach, schien ihm nur noch Steine, nichts als Steine hervorzubringen. Er hob einen auf und schlug seinen Bruder tot

Eine lutherbubersche Abschweifung

»Da redete Kain mit seinem Bruder Abel.
Und es begab sich, da sie auf dem Felde waren,
erhob sich Kain wider seinen Bruder Abel
und schlug ihn tot.«

So in Luthers Übersetzung von Genesis 4,8.
»Da redete Kain mit seinem Bruder ...«: Eine Wechselrede wird suggeriert, ein Streitgespräch vielleicht – darin mit einigen jüdischen Kommentatoren, wie Raschi z. B., übereinstimmend –, die Luther mit einem ›Und‹ auf das vernichtende Werk zuströmen läßt.
Buber/Rosenzweig geht es hingegen nicht um Art und Qualität des Gesagten bzw. Nichtgesagten, sondern um die Feststellung eines dialogischen Ansatzes. Dieser wird so stark betont, daß er schlechthin nichts mehr zu entbehren scheint. Kain *sprach* zu Abel; der Versuch wurde unternommen, oder wenigstens nicht unterlassen.
Diese Betonung erfordert ein ›Aber‹, und dieses ›Aber‹ rechtfertigt den festen Punkt, der den Bruder noch einmal umfaßt, ehe er ihn ins Fassungslose entläßt.

»Kain sprach zu Abel, seinem Bruder.
Aber dann wars als sie auf dem Felde waren,
da stand Kain auf wider Abel seinen Bruder und tötete ihn.«

Irrwahr

Die Wahrheit will, daß auch die Lüge
von ihr zehre

Kain schlug seinen Bruder tot, doch Esau war nicht minder zum Brudermord bereit –

»Und Esau war Jakob gram um des Segens willen,
mit dem ihn sein Vater gesegnet hatte,
und sprach in seinem Herzen:
Es wird die Zeit bald kommen,
da man um meinen Vater Leid tragen muß;
dann will ich meinen Bruder Jakob umbringen.«

(Genesis 27,41)

Und wie sprachen Josephs Brüder?

»Da folgte Joseph seinen Brüdern nach
und fand sie zu Dotan.
Als sie ihn nun sahen von ferne,
ehe denn er nahe zu ihnen kam, machten sie einen
Anschlag, daß sie ihn töteten,
und sprachen untereinander:
Seht, der Träumer kommt daher.
So kommt nun, und laßt uns ihn umbringen.«

(Genesis 37, 17–20)

Alle waren sie, Ruben ausgenommen, zum Totschlagen des Bruders bereit.
Das wiederum versteht nur ein Träumer vom Schlage Josephs, der Realpolitiker Gottes. Und das war Joseph, der seine Brüder reinsprechen konnte, da er IHM, Gott, die Deutung der Träume zusprach und ließ. Brüderlichkeit erfordert harte Prüfungen, auch Demütigungen, so lange, bis man geläutert hervorgeht. Dann erst spricht Joseph das Zauberwort: Ich bin Joseph, euer Bruder.

Fünf Nachsätze

Kain für Nazi zu setzen, ist biblisch wie sprachlich eine Roheit, moralisch wie religiös ein Frevel

Der Haß hat nicht nur seine eigenen lebendigen Quellen, er hat auch seine Geschichte, die sich durch keine andere ersetzen läßt

Wer den immerwährenden Judenhaß aus dem Neid zu verstehen hofft, wird lange im dunkeln tappen

Der Haß, der dem auserwählten Volk gilt, gilt zuerst seinem Erwähler und ist schon darum nicht aus der Welt zu schaffen

Kain wurde verdammt, Repräsentant seines Bruders zu sein

Die Flucht vor der Berührung in die Umarmung
Man lasse sich von Umarmungen nicht verleiten;
auch Brüder umarmen sich.
Ein Kuß aber ist eine Lippenstiftung.
Judas' Kuß war der eines Getreuen und Geliebten. Jesus wehrte ihn nicht ab, und er wußte doch, daß Verrat diese Lippen färbte.
Indes wäre Judas' Verrat ohne Bedeutung, hinge er nicht am Kuß.
Wer nicht küssen kann, wird den Judas [in sich] nicht verstehen; wer den Judas aber versteht, wird darum den Wunsch nicht aufgeben, ein Geküßter zu sein.
Die Idee des Verrats ist eine aus dem Kuß geborene.
Nie zuvor wurde ein so hohes Ziel, wurden Zielscheibe, Aura und Heiligenschein, wie hier, mit einem Kuß gezeichnet.
Mit diesem einen nahm Judas zweier Leben: des Meisters und sein eigenes. Sein Verrat hing an seinem Kuß, sein Kuß blieb aber an seinem Verrat nicht hängen. Mit diesem wollte er unschätzbar mehr, als dreißig Silberlinge ihm hätten bieten können. Was er wollte? Mit einem Kuß sich den Lippen entreißen, an denen er hoffnungslos hing

Abel – Hewel:
ein Hauch,
ein Nichts,
und doch
soviel
wie die eigene Seele

Je länger ich über Kain
nachdenke,
desto öfter erscheint mir Abel
im Traum.
Und Abel sagt mir:
Ich bin meines Bruders
Seele

»Ich weiß, mein Lieber, nicht, was schwerer ist:
Ob Abels Tod, ob Kains langes Leben –
Allein, mich hat mein Gott mit einem Doppelschmerz,
Mit ZweimalAch, mit beider Weh bestraft
Und mit der Klage um beide.«

IN ERINNERUNG GEDACHT

Für Harald Weinrich

Fünf mutige Vögel verpflanzen
das Herz ins Gedächtnis.
Christine Lavant

Was nützt Vergebung, soll sie vergessen machen,
was uns allein zusammenhält: die Erinnerung
Treffpunkt Scheideweg

Wir wurzeln im Traum,
wachsen in die Wirklichkeit,
verästeln uns in der
Erinnerung.
Erinnerung –
die Gegenwärtigkeit des
Ausbleibenden;
das Gewissen der Ungewißheit;
der Toten Lebensquell

Das Wort eröffnet das Tor zum Erinnern wie das zum Vergessen. Die Erinnerung muß frisch sein, damit auch das Vergessen sich erneuere. Versäumte Gedanken werden in Erinnerung gedacht. Was Erinnerung wird, hört auf, denkbar zu sein. Erinnerung ist kein treuer Spiegel, sie gibt aber ein wahres Bild dessen, was sich nicht widerspiegeln konnte. Das Gedächtnis hält die Erinnerung nicht aus. Man erinnert sich des Gedachten, gedenkt des Erinnerten nicht. In den Ausschweifungen der Phantasie findet sich die Genauigkeit wieder, die der Erinnerung so gern und glückhaft abhanden kommt

Erinnerung, die erblindende Sehnsucht

Die Erinnerung befähigt uns,
auch für die Toten
zu schreiben

Dasein und davon;
Wort am Lippenhang –
eine einzige Erinnerung
in tausend Gedanken
zerschlagen

Erinnerung ist ohne Gedächtnis; sie folgt dem Wunsch, sich noch einmal kommen zu lassen. Erst in seinen Erinnerungen ist der Mensch endlich bei sich. Nicht lebt der Tote in der Erinnerung, die Erinnerung ist die Form seines Fortlebens. Mit dem Verlassen seines Daseins tritt der Verstorbene in Erinnerung. Wir erinnern uns nicht, wir werden für diese Erinnerung empfänglich

In der Erinnerung fordern die Toten unser Leben
Opfer werden noch in Erinnerung gebracht
Mit der Erinnerung geben wir den Toten ihre
Nahrung, mit der Sehnsucht entziehen wir sie
ihnen wieder

Erinnerung macht vergessen

Erinnerung – das sich hier
ansammelnde Jenseits

Über viele Erinnerungen,
über die Erinnerung vieler
verstreut

Mein Leben –
ein Zerfallen in Erinnerungen,
die nicht einmal zu Papier gebracht
werden können

Erinnerung – Heimholung
Um bei uns anlangen zu können, müssen wir den Umweg über die Erinnerung einschlagen
Jedem entsteht in seinen Erinnerungen die eigene Mythologie, am Ende wird er sein eigener Mythos, der in der Erinnerung anderer zerstört wird

Die lebendigsten Erinnerungen gelten den Toten

Auch die unglücklichste Erinnerung ist noch ein Schein des Trostes

Erinnerung – unser Anschluß an die Vergänglichkeit

Was in Erinnerung bleibt, läßt sich nicht veräußern

Wir haben gemeinsame Erinnerungen, aber keine Erinnerung gemein

Zukunftsmüd eilen wir unsern Erinnerungen entgegen

Sich in Erinnerung bringen – Kunst;
sich selbst vergessen machen – Meisterschaft

Alterserinnerungen sind Schlaflieder

Drei Fußnoten
Und ein PS zur Hauptsache

Das Gedächtnis wird ausgebaut, die Erinnerung ausstaffiert

Das Gedenken ist – allen Gedenkreden zum Trotz –
aphoristischer Natur

Das Fehlende hat im Fehlen seine Bedeutung

[PS] Der Mensch, auch der dichtende, zeigte sich bereit, die Sprache zu zerschlagen, um der ihr innewohnenden Erinnerung zu entkommen. An dieser Bereitschaft muß das nun, was an Menschenwürde noch erinnert, gemessen werden

SKRUPEL

Und bin mein eigener Besuch und bloß
Zu Gast bei mir, bei meinem fremden Namen.
Jakob Haringer

Pfeile, die mich gar nicht trafen,
Laß ich schrecklich mich verwunden.
Lope de Vega

Die Stimme spricht

»Tut, was ich von euch verlange.
Bleibet dort und wisset.«

Was suchst du, Ent*wir*ter, bei uns
in der »schwestersprache der edda,
der tochtersprache der bibel«?
– Das Pathos verlorener Schatten;
das Hieb- und Stichwort
tiefschürfender
Scharfrichter;
das für eine Zunge kaum
oder nur
noch
Nennenswerte

Erhebe nicht Anspruch auf Erbschaft –
sei Erbe

»Du bist mir im schnellen Einfall überlegen, denn du hast manches erdulden und noch mehr abwehren müssen. Ich hingegen, im unsicheren Schutz der Obhut aufgewachsen, habe ein zögerndes Hirn – ein schwankendes Verhalten – keine Kraft in der Liebe und nur undeutliche Abneigungen.«

Die mir einst übergebenen Schlüssel
eigneten sich nur zum Schließen

»Juden Sprache hat etwas pathetisches.«
»Und was ich sage, geschieht in
längstentschwundener Rede.«

K[oppel]
Oder:
Die fehlgeleitete Initialzündung (Ein Brief)

Mein aphoristisches Denken forderte von mir, daß ich die Machtgelüste der Worte vom Zauberspiel der Sprache scheide und fernhalte. Ich sollte ein reines Sprachorgan sein und ohne Einfluß bleiben. Ich aber war Imperator und gerade dabei, die letzten Provinzen des Hebräischen für meine Poesie einzunehmen. Ich gedachte nicht, meine Eroberungsfreude und Herrschsucht aufzugeben, geschweige denn, mein Reich zu verlassen. Indes blieb die Forderung meines Denkens, mehr beunruhigend zwar als anstachelnd, bestehen. So mußte ich zuletzt von meinem Roß herunter; zu Fuß gehen; mit eigenen Fingern die Worte für das tägliche Brot der Rede kneten; nach Deut-Mein-Sinn im Deutschen fragen; von vorn also beginnen, mit Bedacht von Anfang an. Da wollte ich nicht nur sehen, ob ich etwas zu sagen hätte, sondern auch, ob es einen für mich bestimmten, noch leerstehenden Platz in der jüdischen Literaturgeschichte gibt. Nein, ich wollte kein deutscher Dichter sein, auch nicht mit deutschen Dichtern um Rang und Namen wetteifern. Rückwärtsgewandt tat ich so, als könnte ich Zeitgenosse meiner Sehnsucht sein, als würde ich meinen Platz zwischen Kafka und Kraus einnehmen können. Im letzteren habe ich mich geirrt, dabei aber die auf mich wartende Leerstelle gefunden. Dies nun ist mein Werk, denn das habe ich vermocht – »voll weisem Tiefsinn, aber ohne Gegenwart«.
(An Conrad Wiedemann. Jerusalem, 26. 5. 1992)

Die Idee gab mir das Wort, ich brachte es zur Besinnung

Zum Gehalt eines Worts gehört die Dauer, in der es gehalten wird

»Mein Gedächtnis schleift alle Messer
Am Stein des Gedenkens.«
Dichten, die Zukunft mit Zitaten belegen

Das Zitat muß nicht passen, aber glücklich gefunden sein:
»Du wirst hervorgerufen, und bewährt
bist du in deiner Unentbehrlichkeit.«

Unsere/meine Sprache

»Unsere Sprache ist viele Male durch die Schule der Antiken und der Romanen gegangen. Die Bibel in der Hand des Volkes hat ihr seit vier Jahrhunderten Erde und Himmel morgenwärts ausgespannt und sie wunderbar Reden und Dichten gelehrt.«

[Tagebuch] Was will von mir die deutsche Sprache? Daß ich aus ihr mein Bestes mache. Da gibt es nichts, was auf den Reim gebracht werden will. Mit meinen deutschen Freunden kann ich die besten Selbstgespräche führen. Haben sie sich selbst denn nichts zu sagen, daß sie immer den Dialog suchen müssen?

Komme ich ohne Wahrheit aus,
bedarf ich nicht der Lüge

Perfekt ist inhuman und kunstwidrig
»Der Zustand, in dem man dichten kann, ist eine Summe, die die Natur in einem nur von Zeit zu Zeit zusammenbringt, abhängig von allem, was in einem zählt. Und manchmal geht einem aus Miß- oder Ungeschick eben etwas davon verloren, und dann kommt die Summe nie wieder zustande.«

Des Dichters Lebenswerk: das eine Gedicht, auf viele verteilt, von keinem vollendet

Deutungen zwingen das Gedicht, so zu bleiben, wie es im Buche steht

Meine Einsätze vertragen keinen Ruhepunkt

Die Gründe liegen auf der Hand, doch nicht von Kopf bis Fuß

Die schönsten Bücher sind nicht die aus dem vollen schöpfenden, sondern die aus dem Nichts gestampften

Das je und je Versäumte ist von Ewigkeit
»Aus dem, was Andere dichten, sehe ich, was Alles ich *nicht* gedichtet habe, wie viel ich ungedichtet habe lassen müssen in der Gewalt des Dämon[s]. Und es bestand doch eigentlich, als wir begannen, die Verpflichtung, *Alles, Alles* zu dichten.«

Aufschreiben – bewahren; niederschreiben – loswerden

Meine Poetik des EinSatzes ist mein Gedicht; sie ist darum auch die einzige, die in sich aufgeht

Man kann nicht ein konsequent eigener, nur ein konsequent anderer sein

»[…] Pierre Louys zum Beispiel konnte überhaupt nur dann arbeiten, wenn das Blatt keinerlei Verbesserung aufwies; sobald er seinen Text korrigiert hatte, hielt er inne, nahm ein neues Blatt und schrieb die Stelle, die er hatte verbessern müssen, abermals ins reine. Diese Wiederholungen waren häufig, denn für einen so gewissenhaften Schriftsteller waren die Gelegenheiten zahlreiche, wo er das Gefühl haben konnte, fehlerhaft zu sein. Es ließe sich eine schöne Studie schreiben über den *Skrupel* in der Literatur.«

Seine Fehler bedauern heißt, sie ein Leben lang verteidigen

Daß Fehler sich korrigieren lassen, besagt nur, daß es auch korrigierte Fehler gibt

»Aber es sind höchstens die kleinen Fehler, denen durch Belehrung vorgebeugt werden kann. Die großen liegen so tief in der Natur der Menschen, daß sie gemacht *werden müssen*, und es ist schon ein seltenes Glück, wenn sie hinterher die Erkenntnis zurücklassen, daß sie Fehler waren.«

Vollkommen –
wenn alle Fehler am rechten Fleck sind

Beim Abschluß dieses Büchleins
(Lag-baOmer 5752/21.5.1992)
Es genügt nicht, daß ich aus meiner Not eine Tugend mache; es muß meine Not sein, meine Tugend werden

Das Leben wächst mit seinen Schatten, doch nur bei Licht besehen

»Auch das Unaussprechliche wird ausgesprochen. Wer mit der Sprache umzugehen weiß, wird sich nicht beschweren, daß sie ihm den Dienst verweigere. Es liegt nicht an ihr, sondern ist eine unvernünftige Forderung, daß durch Mitteilung etwas erschöpft werde, aber unverändert bleibe. Das Mitteilen ist halb Wiederholung, halb Zeugung. Sein unschätzbarer Gewinn ist nicht ohne Verlust.«

Ich habe zu treffen, nicht festzustellen, ob ich auch getroffen habe

Schwäche bittet um Verständnis, Stärke erzwingt es. Bis ich stärker bin, muß ich mich auf meine Schwächen stützen

Rein gefühlsmäßig sind wir nicht imstande,
Gefühle am Leben zu erhalten

»Ich persönlich hege tiefen Abscheu vor den Erregten und den ›Lyrischen‹, wie vor diesen häßlichen, kleinen Terriern, die einem das Zittern mitteilen, das ihren armseligen Körper erbeben läßt, wenn sie die Pfoten auf einen legen.«

Ich kann bestenfalls ergreifen, und das mögen auch die Ergriffenen nicht

Apologoetisches;
Oder:
Je kürzer der Text, desto ungeduldiger der Leser

»Derjenige der sich mit Einsicht für beschränkt erklärt, ist der Vollkommenheit am nächsten.«
»Wer hätte mit mir Geduld haben sollen wenn ichs nicht gehabt hätte.«

Zitate beleuchten unsere Lage und setzen uns zugleich in ein besseres Licht

Auch das Wirkungslose verfehlt seinen Eindruck nicht

Der Aphorismus leuchtet wie ein erster Funke ein
und hält wie ein letzter Atemzug an

»Wissen Sie, wie mir ein Buch nur mit Aphorismen vorkommt? Als würde ich mich nur mit Vitamintabletten ernähren ungefähr. Wo lassen Sie Körner und Milch, Mohrrüben und Äpfel?«

Ich trage nicht Früchte, ich pflanze Bäume

Mein Anteil an den Dingen ist meine Anschauung

Bleibt mir auch keine Wahl, kann ich immer noch eine Auswahl treffen

Um beschränkt sein zu können, muß jedes Ding zwei Seiten haben

Wer einen Menschen anders haben will,
will ihn eben nicht anders haben

Niemand geht auf seinem Weg zu weit
Ich kann jeden Glauben verlieren, nur
nicht meinen eigenen

Nachdenklichkeit ist das versäumte Vorspiel
des Denkens

Ich habe viel Gnade vergeudet,
da ich die heilige Sprache verließ,
um Gräber im Deutschen zu schaufeln

»Laß uns die widrige Torheit machen und
mit Leichtsinn vorbeigehen an dem,
was wir wissen.«

Wir müssen nicht Freunde sein,
um Freunde zu sein

»Was liegt nicht alles in unserer Zeit!
Wer das Zeug dazu hat, sie recht zu packen,
der macht wohl noch Anderes als Denkmäler!«

Mein Ziel verfehlt, mein Werk vollbracht

Erst wenn du alle Erwartungen enttäuschst,
darfst du glauben, *dein* Werk getan und *ihm*
genügt zu haben

»Ich habe noch so viele andere Igel zu bürsten«

Schicksal – NamenLos
Oder:
Verschwindlichkeit ist auch ein Hochgefühl
Das Ansehen eines Menschen – seine Blüte; sein Angesicht – seine Frucht. Der Mensch zeigt sich nicht, auch sein Gesicht zeigt ihn nur an. Das Antlitz hat unter allen Umständen seinen Ausdruck, aber nur im Gebet – sein Gesicht. Meine Vorstellung vom Menschen wandelt sich von Angesicht zu Angesicht

»O Angesicht! wer deine Rätsel löste,
Der hätte aller Welten Knäu'l entwirrt.«

Die Wirklichkeit der Götter – die Herrlichkeit ihrer Namen. Der Untergang seiner Götter macht den Menschen mündig, das Vergessen ihrer Namen – sprachlos

»Eilend über Erdenkrume
Wie auf Götterspur«

»Die Sprache gibt den Namen: und der Name ist der Funke des Bewußtseins: welches alle Wunder tut.«

»Die Namens-Schöpfung ist eines der größten geistigen Mysterien. Vielleicht glückt es Ihnen: das ist dann die letzte *dichterische* Vollendung.«

»Man kann unmöglich einen Namen erfinden. Ebensowenig wie sich Granit, Kohle oder Marmor herstellen läßt, kann ein Name gefertigt werden. Dergleichen Dinge bringt nur die Zeit, die sie Ursprung nehmen, entstehen und werden läßt. Ein Name kann ebensowenig erschaffen werden wie eine Sprache. Wir müssen den Ursprung entdecken.«

Franz Rosenzweig und sein gefallsüchtiger Engel UGIEL

»Die Namen der Engel wechseln; nicht heißen sie morgen, wie man sie heute ruft«

Nur der Ruf kann widerrufen werden

In Vergessenheit geraten,
In Erinnerung geglückt

Nur Wende wohl, doch Ende, Abschied nicht.
Wir kehren ineinander ein und gehen wieder
In Namen ein und aus, erahnt schon selbst –
Und bleiben fort, das Hier und Einst bewahrend:
Gesicht und Wort, ein Hauch des Lieds der Lieder

»Nicht Element, nur Testament
Gab Auskunft einst, was Dasein sei.
Nun ist das Ur entbrannt und brennt,
Und Ruhm und Schonung sind vorbei.«

DAS ÄLTESTE SPIEL MIT DEM FEUER
ODER:
CREDO

Für meine Mutter

Aber der Judäus Apella,
über den der epikureische
Horaz lächelt, war da,
um zu glauben.
Ernest Renan

Ja, du bists,
auf dich bin ich vom Schoß an geworfen,
vom Leib meiner Mutter her bist du mein Gott!
Psalm 22, 11

»Nun redet zu ihm liebevoll seine Mutter
und spricht gütig zu ihm.
Darauf schmückt sie ihn mit Lebenswasser.
Sie endet damit und läßt ihn hinter sich.
Dort schließt sie ihn ein mit Blumen.
Dort schließt sie ihn ein mit Wolken.
Dort wird er bleiben hinter seiner Mutter.
Dort hört er auf mit allem.
Dort verschwindet er mit seinen Worten.«

Für das Denken ist der Gegenstand entscheidend, für den Glauben die Richtung. Das Denken stellt das Gedachte, der Glaube das Geglaubte in Frage. Es ist Aufgabe gerade des Glaubens, denkbar zu machen. Denkbar geworden – nicht mehr zu verbergen, nicht mehr zu entschleiern.

Mut zum Glauben ist eine Bedingung für wahrhaftiges Denken. Der Glaubensmut übersteigt die Überzeugungskraft.

Denken im Zweifel am Denken ist Verzweiflung; Glauben im Zweifel am Glauben ist Hoffnung

Glaube ist ein Stichwort wie andere, nur tiefer stechend

GLAUBE
– die Leere, in die man sprechen muß, damit etwas werde
– das älteste Spiel mit dem Feuer
– ein Gedenkblatt vom Baum der Erkenntnis
– die Erschütterung Gottes
– einschneidende Ehrfurcht
– Wachhalten an Gott
– Hörigkeit, Hellhörigkeit

Der Glaube ist das Tuch, in dem sich Gottes Antlitz verhüllt
Kein Glaube kann lebendiger sein als der Gott, der ihm innewohnt

Credo: Verläßt er mich, bekomm ich ihn zu spüren

Der Glaube
– weiht uns in den Zweifel über unsere Gewißheit ein;
– hat immer seinen Zweifel, nicht immer seinen Gott;
– duldet keine Überzeugung neben sich;
– folgt, verzückt, seinem Ausdruck nach;
– führt zu Gott, verbürgt aber nicht die Ankunft

Im beharrlichen Glauben des Menschen harrt Gott seiner

Credo: Nur Gott allein kann mir den Glauben nehmen

Unserm Glauben können wir nicht einfach Glauben schenken, dem sind wir unsre ganze Glaubwürdigkeit schuldig
Zweifel heißt der Geist, der über den Glauben kommt
Zweifel – des Glaubens Glaubwürde
In Zweifel gezogen, dehnt sich der Glaube aus

Wäre der Glaube unser Glaube, wie Gott unser Gott, dann wären auch wir über alle Zweifel erhaben
Der Zweifel trifft immer nur den Glauben; das Geglaubte kann auch der Zweifel nicht meinen
Der Zweifel betrifft das Wissen, der Glaube das Wissenswerte

Credo: Mein Zweifel macht mich glauben, daß mein Glaube mit Gott zu tun hat

Die Welt mißachten und Gott rühmen –
wofür
Wie willst du Gott finden, wenn er bei dir
nichts zu suchen hat
Du kannst nicht Gott suchen und Ruhe finden
Ist Gott mit dir, bist du nicht mehr der
Entscheidende
Gibst du Gott deine Liebe, darfst du deine
Zweifel behalten

*Credo: Ich stehe vor DIR, bestehe und falle
beständig. Wo magst DU mich suchen, wenn ich
DICH gefunden habe*

An Gott gerichtet und verurteilt
Gott, der jeden richtet, ist gegen jeden gerichtet
Gottes Walten läßt sich mit Recht rechtfertigen, nicht mit Gott
Die Antwort Gottes an Hiob war nicht, daß ER recht habe, sondern, daß er nicht zu rechtfertigen sei

Credo: Ich wäre gottlos, wäre ich wie ER unsterblich

Man muß sich schon hingeworfen haben, um auch nur bei sich Gnade finden zu können
Mit Gnade wird man nicht beschenkt, sondern begabt
Wen Gott versuchen will, über den bringt er den Glauben
Erst, wenn es anhebt zu dämmern, erkennen wir, wieviel Gnade auf uns verschwendet wurde

Credo: Daß ich bin, kann Gnade sein, wie auch, daß ich zu sein aufhöre

Selbsterfüllt – gottverlassen

Das Leben auf Erden: das von Gott begehrte Jenseits

»Gottes schaffende Hand braucht jungfräuliche Erde, um sein Ebenbild daraus zu gestalten.«

Der Glaube ist ein Warten und ein Gegenwarten

Unsre Gegenwärtigkeit erblüht in Gottes Angesicht, geht nicht in unsrer Gegenwart auf

Credo: Der Glaube muß mich verlassen, wenn Gott bei mir anklopft

Die erste Sünde – der erste Aufbruch;
gesündigt – Gott nahegetreten
Sünde – ein Ohnmachtszustand, aus dem man noch erwacht, aber nicht mehr zu sich kommt
Sünde – eine Wunde, die nicht schmerzt und nicht heilt

Credo: Alle Sünden sind vergebens

Das Wissen von Gott ist grenzenlos beschränkt
Wessen Wissen nicht von Gott, wird von Gott nicht wissen
Wissen ist nicht weniger erschütternd als Glauben
Nicht jeder Glaube fällt mit Gott zusammen

Credo: Wer von Gott nicht weiß, ist von IHM auch nicht entfernt

Auch wenn wir schweigen, kommt Gott nicht zum Verstummen; auch wenn wir verstummen, läßt Gott sich nicht verschweigen

Jede Seele – ein AusFlug Gottes

Nirgends zu Hause; allerwegs in Gottes Hand

Bei Gott – bei Trost
Man verweist Gott ins Jenseits
und schwört doch hier:
bei Gott!
Die Welt ist bei Gott;
das Jenseits ist das Exil beider

Bei Gott! – Wie weit ist es doch

Gottes Ferne geht uns nah, seine Entfernung aber lindert die Qual seiner Gegenwart

Credo: Erreicht mich SEIN Ruf, erkenne ich erst, wie weit voneinander wir sind

Glauben – widerhoffen
Die Erwartung gilt dem Kommenden, die Hoffnung dem Ausbleibenden
Je fester der Glaube, desto zäher sein Widerstand gegen die Hoffnung

Credo: In Gott verstrickt, mit mir *zerfallen;*
in Gott versunken – in Ewigkeit verloren

Alles Leben heißt Sprache;
die Existenz ist stumm,
sie heißt Tod

Der Mystiker: Realist der Existenz

Der Sprachlose und der Sprachbesessene sind an der Schwelle Gottes

Mystik – die umfassende Annahme des Ausgeschlossenen

Während Irrationalismus mit dem Ausgeschlossenen schon alles gesagt haben will, setzt Mystik voraus, daß alles erklärbar sei und das Erste aus dem Letzten erfolge

Der Mystiker kommt immer wieder auf sich zu schweigen

»Ich bin nicht Gott. Ich kann nicht alles. Ich sehe nicht alles. Ich weiß nicht alles. Ich bin nicht ewig. Ich leide nicht alles. Ich vollbringe nicht alles. Ich nehme nicht an allem teil. Ich kann nicht alles umfassen, alles erleben. Meine Liebe hat wenig Macht. Meine Ehrfurcht vermag nur wenig zu beseligen. Meine Fürsorge bringt nur geringen Nutzen. Meine Voraussicht reicht nicht weit und erstreckt sich nur auf weniges. Also kann ich selig sein in meiner Enge und unbesorgt durch meine Werke, Gott mit einem Lobe preisen, das Gottes würdig wäre.«

»Wer in diesen Zeiten sich vom Überlieferten
nicht losreißen kann,
der ist verloren;
wer sich seines Anfangs
nicht besinnen kann,
der geht unter.
Spiegellos nackt ist die Welt,
spiegellos du selber.
Aber der Segen der Nacktheit ist inmitten des Grauens
dir geschenkt worden.«

Hörst du, Nackter, das Tosen der Wasserstürze?
Die fernen einsamen Sänger?
– Suchtest du die Blume der Zeugung?!
– wußtest du, was du tatest?! –

Es ist Nacht! Der Mond geht auf
über den Felsen!
Ströme wälzen heran.
Eine Blume fandest du dir –
doch keine feuerfarbne! – eine düstere!
sie überschattet riesenhaft dein Herz. –

– Dein Herz ist meines!
– Deine Tat ist meine!
– Auch ich suchte die Blume der Zeugung! –

Schulter an Schulter sitzen wir in Finsternis:
Brüder im Unvollendbaren.

Alfred Mombert

Mit Haut und Haar
und weiter nichts,
die bare Blöße,
gebeugt am Tor zum Dazumal,
und davor zum Zerbrechen
geneigt.
Der du vorübergehst:
Tauche in meine Nacktheit,
da gibt es nichts zu begehren,
und nimm, was du willst.
Tauche in meine Nacktheit,
wasche dich. Ich schließe
die Nacht zu, wenn du
vorübergehst.
Geh vorüber, Herr meiner
schamlosen Herrlichkeit

»Einst, vor Jahrhunderten, ließ sich eine Stimme hören vom Himmel: ›*Siehe, er betet!*‹ Und dem Betenden fiel es von den Augen wie Schuppen!«

Auch das Gebet will erbetet werden
Das Gebet war schon immer ein Vorbote der mündigwerdenden Sprache
Im Gebet stehen wir nicht vor Gott, sondern stellen uns ihm
Das Beten verheißt dem Menschen keine Erlösung, offenbart ihm aber seine Erlösbarkeit
Betend leisten wir unserer Seele Gesellschaft

Die Welt,
sagte der Prediger,
ist eine einzige
Sonnenblume;
laß mich, Einziger,
sagte der Prediger,
zu Dir
durch die Blume

Wüßte ich, daß Gott mein Gebet erhört, ich wüßte von ihm schon zuviel, als daß ich zu ihm noch beten könnte
Was mir mein Gebet gibt? Die erste Besinnung auf Sprache, die gottgehörige; die Gewähr, daß auch ich ein Wort zu geben habe

Credo: Daß ER mit mir etwas vorhat, ist meine ganze Zukunftsperspektive

Ob unser Gebet auch wirkte, das können wir nur
als Betende wissen, nicht als Hoffende

Erschüttert, an Gott gerührt

»... und quer durchs Gebet rollt ein wütender Stern.«

Gott ist in seiner Schöpfung und in den heiligen Schriften der Völker, das Beten aber ist im Herzen aller Kreatur, ist ein Herzbeben der Sprache selbst. Der schönste Beweis für das Dasein Gottes ist das Beten der Ketzer

Credo

Auf mich gestellt, auf Gott gerichtet,
hinfällig, auferstehungsreif:
Gott im Gebet nachgestellt –
mein Gebet war schon seine Gnade

ZITATNACHWEIS

Ihr lebt ja, ihr Toten, ihr lebt; denn heut lebe ich.
Einmal wohl mögt ihr gestorben, mögt anders gewesen sein;
Nun seid ihr und seid so: für mich.

Gertrud Kolmar

»Daß tote Menschen Gespenster werden, glauben wir freilich nicht mehr. Aber die tote Liebe, das tote Ideal, der tote Glaube, – die werden zu Gespenstern, ja man fühlt ihr Leben mehr als früher, wo ihr *Inhalt* uns wichtiger war, unser Bewußtsein mehr erfüllte als die Tatsache ihres *Lebens*.«

Alle Zitate, auch die getreu wiedergegebenen, wollen an der Quelle überprüft werden

S. 5 »Mit verscheidendem lächeln« – Franz Baermann Steiner, Eroberungen. Ein lyrischer Zyklus. Mit einem Nachwort herausgegeben von H. G. Adler. Heidelberg/Darmstadt 1964, S. 62. Dazu: »*Im Grunde gilt mein ganzes Streben nur dem seltensten Wort-Gebilde: dem Kleinod.*« – Werner Zemp an Erwin Sutz, Zürich, 6.11.1942. In: Ders., Das lyrische Werk. Aufsätze, Briefe. Vorwort von Emil Staiger. Herausgegeben von Verena Häfeli. Zürich 1967, S. 351
S. 10 »So gerne ließe ich die Augen jetzt« – Christine Lavant, WIE WIRD MIR hungern helfen diese Nacht. In: Dies., Spindel im Mond, Gedichte. Salzburg 1959, S. 24
S. 10 »In einem Sonnenstrahl ...« – René Schickele, Die Genfer Reise. Berlin 1919, S. 153
S. 11 »Und wieder keine wandlung und kein weg« – Franz Baermann Steiner, Beim Lesen von W. S. Nachgelassenen Gedichten. In: Ders., Unruhe ohne Uhr. Heidelberg 1954, S. 50
S. 14 »Ihr schlaft noch, stille Straßen?« – Ite Liebenthal (15.1.1886 Berlin – nach 1941 aus Berlin deportiert). Ihr einziger Gedichtband, dem das Gedicht entnommen ist, erschien 1921. Er enthält 43 Gedichte und eine schwere Vorahnung. Vgl.: Elazar Benyoëtz, Ich habe ein Leben, das brennt wie ein Licht. Im Gedenken an Ite Liebenthal. In: Paian, Heft V/VI. Berlin 1968, S. 23–26
S. 15 »Alle Schuld nimm du in dich.« – Otto zur Linde, Phantasie, III. In: Ders., Charon. Auswahl aus seinen Gedichten. Einführung von Hans Hennecke. München 1952, S. 187
S. 18–26 Ich habe die Genesis-Übersetzungen von Luther, Arnheim und Buber/Rosenzweig verwendet, manchmal durcheinander. Die geläufige Schreibung des Namens Kain habe ich aufrechterhalten, obschon er richtig, wie bei Buber/Rosenzweig, *Kajin* gesprochen werden muß. Auch Buber/Rosenzweigs *Habel* habe ich als Abel zitiert. Heymann Arnheims Übersetzung zi-

tiere ich nach: Die vier und zwanzig Bücher der Heiligen Schrift. Nach dem masoretischen Texte. Unter der Redaktion von Dr. Zunz übersetzt von H. Arnheim, Julius Fürst, M. Sachs. Frankfurt [16]1913, Luther wird nach dem 1912 vom Deutschen Evangelischen Kirchenausschuß genehmigten Text zitiert.

S. 29 »Ich weiß, mein Lieber, nicht, was schwerer ist« – Nach dem Jiddischen des David Einhorn. *ZweimalAch:* man bedenke, daß *Ach* auf hebräisch – Bruder, *Mal'ach* – Bote, also auch Engel bedeutet. Vgl. Elazar Benyoëtz, Treffpunkt Scheideweg. München 1990, S. 143 u. 195

S. 31 »Fünf mutige Vögel« – Christine Lavant, ICH HÖRE KOMMEN den schweren Mond. In: Dies., Spindel im Mond, a. a. O., S. 139

S. 33 »Was nützt Vergebung« – Elazar Benyoëtz, Treffpunkt Scheideweg, a.a.O., S. 85

S. 39 »Und bin mein eigener Besuch und bloß« – Jakob Haringer, Von den irdischen Uhren. In: Ders., Das Fenster. Gedichte. Zürich 1946, S. 99

S. 39 »Pfeile, die mich gar nicht trafen« – Lope de Vega, Der Schwerenöter. Deutsch von Karl Vossler. In: Karl Vossler, Romanische Dichter. München [3]1956, S. 101

S. 40 »Tut, was ich von euch verlange.« – Die Söhne Tonatis. In: Konrad Theodor Preuß, Die Nayarit-Expedition. Textaufnahme und Beobachtungen unter Mexikanischen Indianern … Leipzig 1912, S. 104

S. 40 »schwestersprache der edda« – Rudolf Pannwitz, Unsere Sprache (Aus dem Nachlaß). In: Ders., Eine Auswahl aus seinem Werk. Herausgegeben von Erwin Jaeckle. Wiesbaden 1983, S. 180

S. 41 »Du bist mir im schnellen Einfall überlegen« – Hans Henny Jahnn, Die Nacht aus Blei. Roman. München 1962, S. 81

S. 42 »Juden Sprache hat etwas pathetisches.« – Goethe, Aus dem Nachlaß, Maximen und Reflexionen. In: Johann Wolfgang Goethe, Sämtliche Werke nach Epochen seines Schaffens (Münchner Ausgabe). Band 17. Herausgegeben von Gonthier-Louis Fink, Gerhart Baumann und Johannes John. München 1991, S. 940, Nr. 1330

S. 42 »und was ich sage, geschieht« – Hermann Broch, Mitte des Lebens. In: Ders., Gedichte. Herausgegeben und eingeleitet von Erich Kahler. Zürich 1953, S. 156

S. 42 »voll weisem Tiefsinn, aber ohne Gegenwart«, sagte ein Zeitgenosse vom alten Schelling. Vgl. Wilhelm Weischedel, Die philosophische Hintertreppe. München 1976, S. 202

S. 43 »Mein Gedächtnis schleift« – Christine Lavant, ICH HÖRE KOMMEN den schweren Mond, a.a.O., S. 139

S. 43 »Du wirst hervorgerufen, und bewährt« – Ludwig Uhland, Ernst, Herzog von Schwaben. Ein Trauerspiel in fünf Aufzügen. Schulausgabe mit Anmerkungen von Heinrich Weismann. Stuttgart [9]1887, S. 13

S. 44 »Unsere Sprache ist viele Male« – Rudolf Pannwitz, a. a. O., S. 178

S. 45 »Der Zustand, in dem man dichten kann« – Christine Lavant an Helmut Scharf, Anfang 1959; zitiert nach: Ders., Versuchung der Sterne. Erzählungen und Briefe. Ausgewählt und mit einem Nachwort versehen von F. Israel. Leipzig o. J., S. 205

S. 46 »Aus dem, was Andere dichten« – Alfred Mombert an Rudolf G. Binding. Heidelberg, 10. 9. 1935. In: Alfred Mombert, Briefe 1893–1942. Ausgewählt und herausgegeben von B.J. Morse. Heidelberg/Darmstadt 1961, S. 119

S. 46 »Pierre Louys zum Beispiel« – Paul Valéry an Jean-Daniel Maublanc. 26.8.1926. In: Ders., Briefe. Übertragen von Wolfgang A. Peters. Frankfurt/M. 1954, S. 145

S. 47 »Aber es sind höchstens die kleinen Fehler« – Ludwig Bamberger, Charakteristiken. Gesammelte Schriften II. Berlin 1894, S. 149

S. 48 »Auch das Unaussprechliche wird ausgesprochen« – Rudolf Pannwitz, a.a.O., S. 178

S. 48 »Ich persönlich hege tiefen Abscheu vor den Erregten« – Paul Claudel an André Gide. Kuliang, 7. 8. [1903]. In: Paul Claudel/André Gide, Zweifel und Glaube. Briefwechsel 1899–1926. Deutsch von Yvonne Gräfin Kanitz. München 1965, S. 48

S. 49 »Derjenige der sich mit Einsicht« – Goethe, a.a.O., S. 917, Nr. 1188

S. 49 »Wer hätte mit mir Geduld haben sollen« – Goethe, a.a.O., S. 879, Nr. 929

S. 49 »Wissen Sie, wie mir ein Buch« – Anemone Bekemeier an Elazar Benyoëtz. Berlin, 17. 6. 1991

S. 50 »Laß uns die widrige Torheit« – Ernst Fuhrmann, Das Fehlende (Dialog zwischen Quirin und Erasmus). In: Ders., Schriften II. Hamburg 1914, S. 204

S. 51 »Was liegt nicht alles in unserer Zeit!« – Ferdinand Freiligrath an Ernst Kapp. Barmen, 11. 7. 1838. Vgl. Wilhelm Buchner, Ferdinand Freiligrath. Ein Dichterleben in Briefen. Lahr [1881], Band I, S. 276

S. 51 »Ich habe noch so viele andere Igel« Hermann Lotze an seinen Verleger Salomon Hirzel. 5. 1. 1852. Vgl. Richard Falckenberg, Hermann Lotze. Erster Teil: Das Leben und die Entstehung der Schriften nach den Briefen. Stuttgart 1901, S. 41

S. 52 »O Angesicht! wer deine Rätsel löste« – Margarete Susman, Das Angesicht. In: Dies., Aus sich wandelnder Zeit. Gedichte. Zürich/Stuttgart 1953, S. 86

S. 52 »Eilend über Erdenkrume« – Gertrud Kolmar, Rousseau und der Jüngling. In: Dies., Das lyrische Werk. Mit einem Nachwort von Jacob Picard. Heidelberg/Darmstadt 1955, S. 210

S. 52 »Die Sprache gibt den Namen« – Rudolf Pannwitz, a.a.O., S. 177

S. 52 »Die Namens-Schöpfung ist« – Alfred Mombert an Emanuel von Lešehard. Heidelberg, 27. 5. 1935. In: Alfred Mombert, Briefe 1893–1942, a.a.O., S. 117

S. 52 »Man kann unmöglich einen Namen erfinden« – Balzac. Vgl. Der intime Balzac. Anekdoten. Nach dem Französischen des Léon Gozlan von Ossip Kalenter. Mit einem Nachwort von Arthur Schurig. Hannover o. J., S. 85

S. 53 »Die Namen der Engel« – Vgl. Raschi zu Genesis 32,30: » wir haben keinen bestimmten Namen, unsere Namen verändern sich nach der jeweiligen Beschaffenheit der Botschaft«

S. 54 »Nicht Element, nur Testament« – Oskar Loerke, Ganz Frei. In: Ders., Gedichte. Ausgewählt von Wilhelm Lehmann. Frankfurt/M. 1968, S. 149

S. 55 »Aber der Judäus Apella« (Horaz, Satiren I,5,105) – Ernest Renan, Die Apostel. Aus dem Französischen von David Haek. Leipzig o.J., S. 126

S. 55 »Ja, du bists« – Psalm 22,11 in Bubers Verdeutschung

S. 56 »Nun redet zu ihm liebevoll seine Mutter« – Die Auferstehung und Himmelfahrt Sautaris. In: Konrad Theodor Preuß, a.a.O., S. 111

S. 64 »Gottes schaffende Hand« – Ricarda Huch, Der Sinn der Heiligen Schrift. Leipzig 1919, S. 24

S. 71 »Ich bin nicht Gott. Ich kann nicht alles« – Aron David Gurewitsch, Zur Grundlegung einer Synthese des Daseins. Aus dem Nachlaß herausgegeben von Maria Gurewitsch. Zürich u. Leipzig 1935, S. 142

S. 72 »Wer in diesen Zeiten sich vom Überlieferten« – Hermann Broch, a.a.O., S. 147

S. 73 »Hörst du, Nackter« – Alfred Mombert. Aus dem Gedicht »Mein Haus erbaut am Strom«. In: Ders., Dichtungen. Gedicht-Werke. Gesamtausgabe in drei Bänden. Herausgegeben von Elisabeth Herberg. München 1963, Band I, S. 432 f.

S. 74 »Einst, vor Jahrhunderten« – Friedrich Heinrich Jacobi, Allwills Briefsammlung. In: Ders., Werke, Band I, Leipzig 1812, S. 152

S. 77 »und quer durchs Gebet« – Christine Lavant, DU FÜTTERST das Lamm, das ich brauche. In: Dies., Spindel im Mond, a.a.O., S. 116

S. 79 »Ihr lebt ja« – Gertrud Kolmar, Die großen Puritaner. In: Dies., Das lyrische Werk, a.a.O., S. 221

S. 81 »Daß tote Menschen Gespenster werden« – Georg Simmel, Aus dem nachgelassenen Tagebuch. Abgedruckt in: NZZ, Nr. 647 vom 20.10.1968, S. 50

INHALT

Elazar Benyoëtz
im Carl Hanser Verlag

Worthaltung

Sätze und Gegensätze
1977. 80 Seiten

Eingeholt

Neue Einsätze
1979. 76 Seiten

Vielleicht – Vielschwer

Aphorismen
1981. 108 Seiten

Treffpunkt Scheideweg

1990. 198 Seiten